PRÉCIS

DE

LÉGISLATION

EN MATIÈRE DE

MARQUES DE FABRIQUE

DANS LES PRINCIPAUX ÉTATS

PUBLICATION DE

L'OFFICE PICARD

Bureau International de Brevets d'Invention.

Ingénieurs-Conseils E. C. P.

PARIS

OFFICE PICARD

97, RUE SAINT-LAZARE, 97

1900

—

PRIX : **UN franc.**

PRÉCIS

DE

LÉGISLATION

EN MATIÈRE DE

MARQUES DE FABRIQUE

DANS LES PRINCIPAUX ÉTATS

———◈———

PUBLICATION DE

L'OFFICE PICARD

Bureau International de Brevets d'Invention.

Ingénieurs-Conseils E. C. P.

~~~~~~

PARIS

OFFICE PICARD

97, RUE SAINT-LAZARE, 97

1900

—

PRIX : UN franc.
~~~~~~

ALLEMAGNE

Loi du 12 mai 1894 ; règlement du 30 juin 1894 ; prescriptions et avis
du 22 novembre 1898.

Qui peut déposer une marque ? — La marque appartient au premier déposant ; elle ne produit ses effets à l'égard des tiers qu'à partir de l'enregistrement. (Art. 1ᵉʳ.)

Marques qui ne peuvent être enregistrées. — L'enregistrement est refusé :

1º Pour les marques *libres*. Est considérée comme telle toute marque qui, au moment où elle a été déclarée, était déjà en usage, soit d'une manière générale, soit dans certains cercles commerciaux, pour désigner la catégorie de marchandises à laquelle la marque est destinée, ou des catégories analogues.

2º Et pour les marques : qui consistent exclusivement en chiffres ou en lettres ; ou encore en mots contenant des indications concernant le mode, l'époque ou le lieu de la fabrication ; ou la nature, la destination, le prix, la quantité ou le poids de la marchandise ;

3º Qui contiennent les armoiries des chefs d'État allemands ou étrangers, ou celles d'une localité, d'une commune ou d'une union communale plus étendue, situées en Allemagne ;

4º Qui contiennent des représentations scandaleuses ou des indications ne correspondant évidemment pas aux circonstances réelles, et risquant d'induire en erreur. (Art. 4.)

Durée de la protection. — Dix ans, à partir du dépôt, avec faculté de renouvellement indéfini. (Art. 8.)

Examen et opposition. — La marque est soumise à un examen. Si elle est envisagée comme concordant avec une autre marque déposée à une date antérieure, il en est donné avis au titulaire de cette dernière, qui a un mois pour faire opposition à l'enregistrement. A défaut d'opposition, le Bureau des brevets procède à l'enregistrement. S'il y a opposition, il prononce sur la concordance entre les deux marques, et si l'enregistrement est refusé, le déposant peut revendiquer le droit qu'il prétend avoir à l'enregistrement, par une action judiciaire intentée à l'opposant. (Art. 5.)

Droits conférés. — L'enregistrement confère au titulaire le droit exclusif d'apposer la marque sur les marchandises de l'espèce déclarée, sur leur emballage ou enveloppe; de mettre en circulation les marchandises ainsi marquées, et d'apposer la marque sur des annonces, prix courants, lettres d'affaires, réclames, factures ou autres objets analogues. (Art. 12.)

Droit des étrangers. — L'étranger ne possédant pas d'établissement en Allemagne n'est admis à déposer sa marque dans ce pays que si, par une publication officielle insérée dans le Bulletin des lois de l'Empire, il est constaté que l'Etat où est situé l'établissement accorde aux marques allemandes la même protection qu'aux marques indigènes. Il est tenu, en outre, de justifier que sa marque est protégée dans ledit Etat.

Le dépôt d'une marque étrangère ne peut être effectué que par l'entremise d'un mandataire établi dans le pays. Le déposant doit déclarer expressément dans la requête accompagnant le dépôt, les droits découlant d'un dépôt à l'étranger dont il entend se prévaloir. (Art. 23.)

Etats ayant la réciprocité de protection. — L'avis mentionné plus haut du Chancelier de l'Empire, constatant la réciprocité de protection en matière de marques, a été publié en ce qui concerne les Etats ci-après désignés : Autriche-Hongrie, Belgique, Brésil, Bulgarie, Danemark, Etats-Unis d'Amérique, France, Grèce, Grande-Bretagne, Italie, Luxembourg, Pays-Bas, Roumanie, Russie, Serbie, Suède et Norvège, Suisse, Vénézuela.

Les traités conclus avec l'Autriche-Hongrie, l'Italie, la Serbie et la Suisse, dérogent aux dispositions contenues dans la loi nationale, spécialement par l'établissement d'un délai de priorité pour le dépôt des marques.

Pièces nécessaires. — 1° Douze exemplaires de la marque ; 2° une liste des marchandises auxquelles la marque est destinée ; 3° quelquefois, une description de la marque, ou des échantillons de la marchandise ; 4° un cliché ; 5° un pouvoir de mandataire ; 6° une pièce établissant que la marque est protégée dans le pays d'origine.

AUTRICHE

Lois des 19 février 1890 et 30 juillet 1895.

Qui peut déposer une marque? — La marque appartient au premier déposant; quiconque veut s'assurer le droit exclusif de l'usage d'une marque doit en faire le dépôt (art. 2).

En quoi consiste une marque? — Sont considérés comme marques les signes particuliers qui servent à distinguer les produits et marchandises, destinés au commerce, d'autres produits et marchandises de même nature (emblèmes, mono-grammes, vignettes, etc., (art. 1-90) et marques verbales non exclues par le n° 2 ci-dessous) (art. 1-95).

Marques qui ne peuvent être enregistrées. — Sont exclues de l'enregistrement les marques :

1° Qui se composent exclusivement de portraits de l'empe-reur ou de membres de la famille impériale (art. 3-90) ;

2° Qui se composent exclusivement d'armoiries d'États ou d'autres armoiries publiques, de chiffres, de lettres ou de mots (art. 3-90) se rapportant d'une manière exclusive au lieu, au temps ou au mode de la fabrication de la marchan-dise, à la qualité ou à la destination de cette dernière, ou à son prix, à sa quantité ou à son poids (art. 1-95);

3° Qui sont d'un usage général dans le commerce pour désigner certaines catégories de produits (art. 3-90) ;

4° Qui contiennent des dessins ou inscriptions immoraux et de nature à causer du scandale, ou des mentions ne répon-dant pas aux conditions commerciales réelles ou à la vérité, et de nature à tromper le public consommateur (art. 3-90).

Les marques contenant des portraits de l'empereur ou de membres de la famille impériale, une distinction honorifique, l'aigle impériale ou des armoiries publiques, ne peuvent être enregistrées que si le droit à l'usage de ces signes est dûment établi par le déposant (art. 4-90).

Durée de la protection. — Dix ans, avec facilité de renouvel-lement (art. 16-90).

Examen et opposition. — L'administration examine. s'il a déjà été enregistré, pour la même catégorie de produits, une marque identique ou similaire à la marque déposée. Dans l'affirmative. il avertit le déposant, afin que celui-ci puisse, à son gré, maintenir, modifier ou retirer son dépôt. La même communication est faite au propriétaire de la marque précé-demment enregistrée.

Le déposant peut recourir dans les trente jours auprès du Ministère du Commerce contre un refus d'enregistrement basé sur l'irrégularité du dépôt, ou sur le fait qu'il s'agirait d'une marque exclue de la protection (art. 18-90).

Droits des étrangers. — La protection des marques étran-gères est réglée d'après les conventions conclues avec les États respectifs (art. 32-90):

Les marques étrangères doivent être enregistrées à la fois à la Chambre de commerce et d'industrie de Vienne, et à celle de Budapest. Les déposants étrangers doivent produire, en original ou en une copie légalisée, le certificat constatant l'en-registrement de la marque dans le pays d'origine. Si ce cer-tificat donne à connaître la dénomination de l'établissement et le lieu où il est situé, ainsi que les marchandises auxquelles la marque est destinée, il n'y aura pas lieu de déposer les documents indiqués sous n^{cs} 1 et 2 des « Pièces nécessaires » (Règl., 95).

Il n'y aura pas lieu de rechercher si les marques des ressortissants de la France satisfont aux conditions auxquelles l'enregistrement est subordonné d'après la loi autrichienne, dès qu'il sera prouvé que ces marques sont enregistrées en France.

(Déc. M. d. C. 23 oct. 1891) (Régl., 95.)

États ayant la réciprocité de protection. — Des lois et traités spéciaux règlent la protection des marques provenant de la Hongrie, de la Bosnie-Herzégovine et de la principauté de Lichtenstein.

Il existe, en outre, des traités en matière de marques avec les États suivants : Allemagne, Belgique, Brésil, Bulgarie, Danemark, Espagne, États-Unis, France, Grande-Bretagne, Grèce, Italie, Japon, Norvège, Pays-Bas, Roumanie, Russie, Serbie, Suède et Suisse.

Ceux conclus avec l'Allemagne, l'Espagne et la Serbie dérogent aux conditions contenues dans la loi autrichienne, spécialement par l'établissement de délais de priorité pour le dépôt des marques.

Pièces nécessaires. — 1° Document établissant que le déposant est le propriétaire de l'établissement auquel la marque est destinée ; 2° indication des marchandises ; 3° quatre exemplaires ; 4° un cliché ; 5° la taxe ; 6° pour des marques destinées à être empreintes sur des matières telles que des métaux, l'argile, le bois, etc., trois exemplaires portant l'empreinte de la marque ; 7° pour des marques comprenant le portrait de l'empereur, ou autres attributs impériaux, un document établissant le droit d'en faire usage.

BELGIQUE (Pays unioniste).

Loi du 1er avril 1879, arrêté royal du 7 juillet 1879,

En quoi consiste une marque ? — Est considéré comme marque tout signe servant à distinguer les produits d'une industrie ou les objets d'un commerce, le nom d'une personne ou une raison sociale. (Art. 1.)

Qui peut déposer une marque ? — Celui qui le premier a fait usage d'une marque. (Art. 3.)

Nul ne peut prétendre à l'usage exclusif d'une marque, s'il n'en a fait le dépôt. (Art. 2)

Durée de la protection. — La durée de la protection est indéterminée.

Examen et opposition. — La loi ne prévoit ni examen administratif de la marque, ni opposition au dépôt de la part des tiers.

Les personnes qui exploitent leur industrie ou leur commerce hors de Belgique, sont admises à déposer leurs marques, si, dans les pays où leurs établissements sont situés, la réciprocité est assurée aux marques belges par des conventions internationales. (Art. 6.)

Etats ayant la réciprocité de protection. — La Belgique a conclu des traités en matière de marques avec les Etats suivants : Allemagne, Autriche-Hongrie, Brésil, Danemark, Etats-Unis, Grèce, Italie, Japon, Luxembourg, Mexique, Pays-Bas, Portugal, Roumanie, Russie, Suisse et Venezuela.

Elle fait, en outre, partie de l'Union du 20 mars **1883**, et a adhéré à l'Enregistrement international.

Pièces nécessaires. — 1° Trois exemplaires de la marque ; 2° un cliché ; 3° un pouvoir.

BULGARIE

Loi du 22 janvier/3 février 1893 ; règlement du 20 avril/2 mai 1893.

En quoi consiste une marque ? — Par le mot *marque*, on comprend des signes que les commerçants et les producteurs apposent sur les articles qu'ils mettent en vente. Ces signes peuvent être :

La firme (nom) du déposant, représentée sous une forme spéciale ; son monogramme ; l'image d'animaux, le dessin de bâtiments, des figures allégoriques, etc. (art. 1).

Marques qui ne peuvent être enregistrées. — Ne peuvent être employés comme marques le portrait du souverain et de sa famille, les armoiries de l'Etat, de simples lettres ou chiffres (art. 1).

Qui peut déposer une marque? — La marque appartient au premier déposant. L'enregistrement confère seul l'usage exclusif de la marque (art. 6).

Durée de la protection. — Dix ans, à partir du dépôt ou de chaque renouvellement (art. 11).

Examen et opposition. — Le préposé des Finances, puis le Ministère des Finances, examinent si la nouvelle marque ne ressemble pas à une marque déjà déposée par une autre personne pour les mêmes produits. Dans l'affirmative, la marque n'est enregistrée qu'après modification (art. 8).

Droits des étrangers. — Les personnes dont les établissements sont situés à l'étranger, ont à remplir les mêmes formalités que les nationaux. Le droit à l'enregistrement pourra être refusé aux ressortissants des pays qui n'accorderaient pas la réciprocité de traitement aux Bulgares (art. 12).

États ayant la réciprocité. — La Bulgarie a conclu des traités en matière de marques avec les Etats suivants : Autriche-Hongrie, France, Grande-Bretagne, Serbie et Russie.

Pièces nécessaires. — 1° Cinquante-trois exemplaires ; 2° un pouvoir.

DANEMARK avec les îles Féroë.

(Pays unioniste).

Lois des 11 avril 1890 et 19 décembre 1898; avis du 11 avril 1890;
ordonnance du 28 septembre 1894.

Qui peut déposer une marque? — Quiconque exerce une industrie quelconque peut déposer une marque.

Mais le fait qu'une marque est enregistrée n'empêche pas un tiers, qui en a fait usage avant le premier déposant, de se faire attribuer le droit à l'usage exclusif de cette marque ; mais pour cela il doit intenter une action en revendication dans les quatre mois qui suivent la publication officielle relative à l'enregistrement de la marque dont il s'agit (Art. 10).

Marques qui ne peuvent être enregistrées. — 1° Les marques composées exclusivement de chiffres, de lettres ou de mots ne se distinguant pas par une forme assez particulière pour que la marque puisse être considérée comme figurative.

Exception est faite à cette règle, si la marque consiste en une dénomination spécialement créée pour une marchandise déterminée, et si cette dénomination n'a pas pour but de désigner l'origine, la nature, la destination ou le prix de la marchandise ;

2° Celles qui contiennent indûment un nom autre que celui du déposant ou celui d'un immeuble appartenant à un tiers ;

3° Celles qui contiennent des armoiries ou des marques publiques ;

4° Celles dont le contenu est de nature scandaleuse ;

5° Celles identiques à des marques déjà enregistrées ou déposées pour le compte de tiers, et celles qui ressemblent assez à ces marques pour être facilement confondues avec elles, dans leur ensemble (Art. 4).

Durée de la protection. — Dix ans à partir de l'enregistrement et de chaque renouvellement (Art. 8).

Examen et opposition. — L'enregistrement est refusé s'il n'est pas demandé dans les conditions prévues par la loi. Le déposant peut recourir contre cette décision auprès du Ministre de l'Intérieur, sans préjudice de son droit de soumettre la question aux tribunaux.

L'enregistrement est publié dans le *Berlingske Tidende* et le *Registering Tidende*. Toute personne peut recourir contre l'enregistrement, soit auprès du Ministre de l'Intérieur, soit auprès des tribunaux, selon la nature du cas.

Droits des étrangers. — Les Marques étrangères sont enregistrées à titre de réciprocité. L'étranger : 1° doit établir que sa márque est protégée dans son pays ; 2° doit se soumettre à la juridiction du tribunal de commerce et de navigation de Copenhague, et désigner un mandataire en Danemark ; 3° ne peut avoir une protection plus étendue, ni plus longue que dans son pays (Art. 14).

Etats ayant la réciprocité. — Le Danemark a conclu des traités en matière de marques avec l'Allemagne, la République Argentine, l'Autriche-Hongrie, la Belgique, le Brésil, les Etats-Unis, la France, la Grande-Bretagne, le Japon, la Norvège, les Pays-Bas, la Russie, la Suède et le Venezuela.

Il fait, en outre, partie de l'Union de 1883.

Pièces nécessaires. — 1° Trois exemplaires ; 2° deux clichés ; 3° désignation des marchandises ; 4° description de la marque ; 5° nom, profession, adresse du déposant (Art. 3). — En outre, pour les étrangers : 6° un extrait du registre du pays d'origine, constatant l'enregistrement de la marque ; 7° une déclaration notariée de soumission à la juridiction danoise.

ESPAGNE (Pays unioniste).

Décrets des 20 novembre 1850 et 1ᵉʳ septembre 1888.

Marques qui ne peuvent être enregistrées. — Tout signe distinctif peut être adopté comme marque, sauf :

1° Les armes royales et les décorations et insignes espagnols, à moins d'autorisation spéciale ;

2° Les marques déjà concédées à des tiers (art. 7).

Qui peut déposer une marque ? — La marque appartient à la personne qui, la première, en a obtenu la concession.

Durée de la protection. — La protection est accordée pour une durée indéfinie.

Examen et opposition. — Les marques déposées sont publiées dans le *Boletin oficial de la Propriedad intelectual é industrial*. Les personnes ayant des motifs d'opposition à l'enregistrement, peuvent les faire valoir dans les 30 jours de cette publication, s'ils résident en Espagne ; dans les 60 jours, s'ils résident à l'étranger ; dans les 90 jours, s'ils résident dans un pays d'outre-mer.

Le certificat est délivré après rapport du préposé à l'enregistrement, sur la question de savoir si la marque a déjà été employée pour des produits de même espèce (art. 5-6).

Droits des étrangers. — La loi ne règle pas la situation des marques étrangères, et il y a eu sur ce point des décisions contradictoires.

L'Espagne a conclu des traités en matière de marques avec les Etats suivants : Autriche-Hongrie, Etats-Unis, France, Grande-Bretagne, Italie, Japon, Norvège, Russie, Suède et Venezuela.

Le traité conclu avec l'Autriche-Hongrie déroge aux dispositions contenues dans la loi nationale, spécialement par l'établissement d'un délai de priorité pour le dépôt des marques.

L'Espagne fait partie de l'Union de 1883, et elle a adhéré à l'Enregistrement international.

Pièces nécessaires. — 1° Un cliché; 2° la description de la marque; 3° un exemplaire; 4° le produit que la marque désigne.

FINLANDE

Ordonnance du 11 février 1889.

Marques qui ne peuvent être enregistrées. — Une marque ne peut être enregistrée :

1° S'il a déjà été enregistré ou déposé en faveur d'un tiers une marque identique, ou suffisamment ressemblante pour amener une confusion ;

2° Si elle se compose exclusivement ou essentiellement de chiffres, caractères, lettres ou mots, à moins que, par leur disposition, ces signes ne constituent une marque figurative, ou que les mots ne désignent le nom ou la firme du déposant, ou sa propriété ;

3° Si elle se compose exclusivement ou essentiellement d'un signe ou emblème généralement employé dans le commerce ;

4° Si elle contient illégalement le nom ou la firme d'un tiers, ou des mots pouvant être confondus avec eux ;

5° Si elle contient des indications contraires aux bonnes mœurs, à l'ordre public, ou scandaleuses, ou de nature à causer des erreurs ;

6° Si elle contient des armoiries publiques ou des insignes d'ordres de chevalerie (art. 4).

Qui peut déposer une marque ? — Quiconque fabrique ou vend des produits en Finlande, a droit d'acquérir par l'enregistrement, le droit exclusif de faire usage d'une marque (art. 1).

Durée de la protection. — Dix ans avec faculté de renouvellement (art. 6).

Examen et opposition. — L'Administration examine si la marque déposée satisfait aux prescriptions légales. En cas de refus, l'intéressé peut interjeter appel devant le Département administratif du Sénat.

Quiconque se prétend lésé par l'enregistrement d'une marque, peut en demander la radiation aux tribunaux ordinaires (art. 7).

Droits des étrangers. — Sont admis à faire enregistrer leurs marques les étrangers dans les pays desquels les citoyens finlandais jouissent d'avantages similaires.

Toutefois la marque étrangère n'est protégée en Finlande que si elle continue à jouir de la protection dans son pays d'origine (art. 9).

Pièces à fournir. — 1° Deux exemplaires ; 2° deux clichés; 3° indication des produits ; 4° un pouvoir et un certificat d'origine de la marque.

FRANCE avec l'Algérie et ses colonies.
(Pays unioniste).

Lois des 23 juin 1857, 26 novembre 1873 et 3 mai 1890;
décret du 28 février 1891.

En quoi consiste une marque? — Sont considérés comme marque les noms sous une forme distinctive, les dénominations, emblèmes, empreintes, timbres, cachets, vignettes, reliefs, lettres, chiffres, enveloppes et tous autres signes servant à distinguer les produits d'une fabrique ou les objets d'un commerce (Art. 1).

Qui peut déposer une marque ? — Nul ne peut revendiquer la propriété exclusive d'une marque, s'il n'en a fait le dépôt (Art. 2) ; mais, d'après la jurisprudence, le dépôt n'est pas attributif de propriété ; l'usage continu constitue la propriété d'une marque.

Durée de la protection. — La durée est de quinze ans, avec faculté de renouvellement.

Examen et opposition. — La loi ne prévoit ni examen administratif de la marque, ni opposition au dépôt de la part des tiers.

Droit des étrangers. — Les étrangers et les Français dont les établissements sont situés hors de France, sont admis à déposer leurs marques, si dans leur pays la législation ou des traités internationaux assurent aux Français les mêmes garanties (Art. 6).

Etats ayant la réciprocité de protection. — La France a conclu des traités en matière de marques avec les Etats suivants : Allemagne, Autriche-Hongrie, Bolivie, Brésil, Bulgarie, Colombie, Costa-Rica, Danemark, Dominicaine (Rép.), Espagne, Etats-Unis, Grande-Bretagne, Grèce, Guatemala, Italie, Japon, Luxembourg, Maroc, Mexique, Monténégro, Norvège, Pérou, Roumanie, Russie, Serbie, Sud-Africaine (Rép.), Suède, Venezuela.

Elle fait, en outre, partie de l'Union de 1883, et a adhéré à l'Enregistrement international.

Pièces nécessaires. — 1° Trois exemplaires de la marque ; 2° un cliché; 3° un pouvoir de mandataire.

GRANDE-BRETAGNE (Pays unioniste).

Lois des 25 août 1883 et 24 décembre 1888 ; règlement des 31 décembre
1889 et 15 sept. 1898.

Marques qui peuvent être enregistrées. — Une marque doit
comprendre au moins un des éléments suivants :

1° Le nom d'une personne ou d'une société commerciale,
reproduit d'une manière particulière et distinctive ;

2° La signature manuscrite ou en fac-similé de la personne
ou de la raison sociale qui fait le dépôt ;

3° Un emblème, une marque, une marque à feu, un en-
tête, une étiquette, un ou plusieurs mots inventés, un ou plusieurs mots ne se rapportant pas à la nature ou à la qualité
des marchandises, et ne constituant pas un nom géogra-
phique.

Des lettres, mots ou chiffres, isolés ou combinés, peuvent
être ajoutés à plusieurs des éléments susindiqués ; mais le
déposant devra indiquer quels sont les éléments essentiels de
sa marque, et déclarer qu'il renonce à tout droit quant à
l'usage exclusif des autres éléments.

Quand des marques appartenant à la même personne se
ressemblent dans leurs éléments essentiels, mais diffèrent
l'une de l'autre en ce qui concerne (a) les produits auxquels
elles sont destinées, (b) des indications de nombre, de qualité
ou de lieu, elles peuvent figurer, comme une *série* de marques,
dans un seul enregistrement. (Art. 66.)

Qui peut déposer une marque ? — Toute personne se disant
propriétaire d'une marque peut la faire enregistrer. (Art. 62.)

L'enregistrement est assimilé à l'usage public de la marque.
(Art. 75.) Il constitue une présomption en ce qui concerne le
droit à l'usage exclusif de cette dernière, pendant les premiers
cinq ans ; passé ce délai, il établit d'une manière absolue le
droit à la marque (Art. 76.)

Durée de la protection. — Durée de la protection ; 14 ans,
avec faculté de renouvellement.

Examen et opposition. — L'Administration examine : si la
marque déposée ressemble à une marque déjà enregistrée
pour les mêmes produits, au point de pouvoir induire en
erreur ; si elle contient des mots qu'un tribunal ne jugerait
pas susceptibles de protection, comme pouvant induire en
erreur ou pour une autre cause ; ou si elle contient un dessin scandaleux. (Art. 73.) En cas de refus, le déposant peut
recourir au *Board of Trade*.

Toute demande d'enregistrement non rejetée est publiée
dans le *Trade Marks Journal*. Toute personne peut faire
opposition à l'enregistrement dans le délai d'un mois à partir
de la publication de la demande (art. 69-2), ou dans tel autre

délai n'excédant pas trois mois que le *Comptroller* pourra lui accorder. L'opposition est communiquée au déposant, qui doit présenter sa réplique dans un délai déterminé, faute de quoi il est réputé avoir abandonné sa demande. Si le déposant envoie une réplique, le *Comptroller* la communique à l'opposant, et prononce après avoir entendu les deux parties. Cette décision peut faire l'objet d'un appel au *Board of Trade*.

Droit des Étrangers. — Tout déposant non admis à jouir du bénéfice d'une convention internationale. qui ne résidera pas dans le Royaume-Uni au moment du dépôt de la demande, devra indiquer au contrôleur une adresse ou les notifications pourront lui être faites dans le Royaume-Uni. (Art. 62-26.)

États ayant la réciprocité. — La Grande-Bretagne a conclu des traités en matière de marques avec les États suivants : Autriche-Hongrie, Bolivie, Bulgarie, Colombie, Danemark, Équateur, Espagne, États-Unis, France, Grèce, Guatemala, Italie, Japon, Mascate, Mexique, Monténégro, Paraguay, Portugal, Roumanie, Russie, Serbie et Suisse.

Elle fait, en outre, partie de l'Union du 20 mars 1883.

Pièces à fournir. — 1° 4 exemplaires ; 2° les produits auxquels la marque est appliqué ; 3° les éléments essentiels de la marque.

GRÈCE

Loi du 10-22 février 1893 ; ordonnance du 18-30 décembre 1893.

En quoi consiste une marque ? — Est considéré comme marque tout signe distinctif des produits de l'industrie, de l'agriculture, de l'élevage du bétail, et, en général, du commerce, le nom de l'industriel, du commerçant ou de la raison sociale. (Art. 1.)

Qui peut déposer une marque ? — Celui qui, publiquement, fait usage d'une marque, le *premier* et pendant *un an*, sans interruption, a seul droit d'en faire le dépôt. L'emploi d'une marque est facultatif, mais personne n'a droit à la protection légale par l'usage exclusif d'une marque, s'il n'en a fait le dépôt. (Art. 2.)

Durée de la protection. — Dix ans à partir du dépôt ou du renouvellement. (Art. 2.)

Examen et opposition. — Aucun examen officiel, ni opposition privée.

Droit des Étrangers. — Les étrangers et les Grecs dont les établissements sont situés hors de Grèce sont admis à déposer leurs marques, si, dans les États où leurs établissements sont situés, il existe une loi protégeant les marques, et une convention diplomatique établissant la réciprocité pour les marques grecques.

La protection cessera en Grèce si le délai accordé par la loi vient à expirer, ou si la convention cesse d'être en vigueur. Dans aucun cas la marque étrangère ne pourra jouir en Grèce d'une protection plus étendue que dans son pays d'origine. (Art. 13.)

États ayant la réciprocité. — La Grèce a conclu des traités en matière de marques avec les États suivants : Allemagne, Autriche-Hongrie, Belgique, États-Unis, France, Grande-Bretagne, Italie, Monténégro, Pays-Bas et Suisse.

Pièces à fournir. — 1° Trois exemplaires ; 2° un cliché ; 3° un pouvoir ; 4° un certificat d'origine ; 5° une déclaration de soumission à la juridiction hellénique.

HONGRIE

Lois du 4 février 1890 et 30 juillet 1895.

En tous points, comme en Autriche

ITALIE (Pays unioniste).

Loi du 30 août 1868 ; règlement du 7 février 1869.

Qui peut déposer une marque ? — Quiconque adopte une marque ou un autre signe pour distinguer les produits de son industrie, les marchandises de son commerce ou les animaux d'une race à lui appartenant, en aura l'usage exclusif, pourvu qu'il en effectue le dépôt. (Art. 1.)

En quoi consiste une marque ? — Est considéré comme marque le signe qu'une personne dépose pour distinguer les produits de son industrie, les marchandises de son commerce, ou les animaux d'une race à lui appartenant.

La marque doit être différente de celles déjà légalement employées par autrui, et doit indiquer le lieu d'origine, la fabrique et le commerce, de façon à constater le nom de la personne, la raison de commerce de la Société et la dénomination de l'établissement d'où proviennent les marchandises. S'il s'agit d'animaux et de petits objets, on proposera une abréviation spéciale (*sigla*) ou tout autre signe équivalent. Une signature, manuscrite ou reproduite d'une autre manière, peut constituer une marque. (Il résulte de la jurisprudence que les marques étrangères qui ne satisfont pas aux prescriptions ci-dessus sont néanmoins protégées, à la condition qu'elles soient employées telles quelles dans le pays d'origine.)

Durée de la protection. — La durée de la protection est indéterminée.

Examen et opposition. — L'examen administratif ne porte que sur la régularité extrinsèque des documents fournis.

Droit des Étrangers. — Les marques étrangères sont admises au dépôt sans aucune condition de réciprocité.

L'Italie a conclu des traités en matière de marques avec les États suivants : Allemagne, Autriche-Hongrie, Belgique, Brésil, Colombie, Dominicaine (Rép.), Espagne, États-Unis, France, Grande-Bretagne, Grèce, Japon, Luxembourg, Mexique, Monténégro, Paraguay, Russie, Saint-Marin.

Celui conclu avec l'Allemagne déroge aux dispositions contenues dans la loi nationale, spécialement par l'établissement d'un délai de priorité pour le dépôt des marques.

L'Italie fait partie de l'Union de 1883, et a adhéré à l'Enregistrement international.

Pièces à fournir. — 1° Deux exemplaires ; 2° Deux descriptions ; 3° pouvoir ; 4° nature des objets auxquels la marque est destinée.

LUXEMBOURG

Loi du 28 mars 1883 ; arrêté du 30 mai 1883.

En quoi consiste une marque ? — Est considéré comme marque tout signe servant à distinguer les produits d'une industrie ou les objets d'un commerce. Peut servir de marque dans la forme distinctive qui lui est donnée par l'intéressé, le nom d'une personne ou une raison sociale. (Art. 1.)

Qui peut déposer une marque ? — Nul ne peut prétendre à l'usage exclusif d'une marque, s'il ne l'a déposée. Celui qui, le premier, a fait usage d'une marque, peut seul en opérer le dépôt. (Art. 3.)

Durée de la protection. — La durée de la protection est de dix ans, avec faculté de renouvellement. (Art. 7.)

Examen et opposition. — La loi ne prévoit ni examen administratif de la marque, ni opposition au dépôt de la part des tiers.

Droit des étrangers. — Les étrangers et les Luxembourgeois établis hors du Grand-Duché sont traités sur le même pied que les nationaux, si, dans le pays où ils ont leur établissement, des conventions internationales ont établi la réciprocité pour les marques luxembourgeoises. Les marques étrangères déposées ne sont protégées qu'autant et aussi longtemps qu'elles le sont dans le pays d'origine. (Art. 9.)

États ayant la réciprocité. — Le Luxembourg a conclu des traités en matière de marques avec les États suivants : Allemagne, Belgique, France et Italie.

Pièces à fournir. — 1º deux exemplaires ; 2º un cliché ; 3º une description ; 4º un pouvoir.

NORVÈGE (Pays unioniste).

Loi du 26 mai 1884 ; arrêté et avis du 29 décembre 1884.

Qui peut déposer une marque ? — Le droit à l'usage exclusif de la marque appartient au premier déposant.

Marques qui ne peuvent être enregistrées. — Ne peuvent être enregistrées :

1º Les marques composées exclusivement de chiffres, de lettres ou de mots ne se distinguant pas par une forme caractéristique ;

2º Celles qui contiennent indûment un nom autre que celui du déposant, ou le nom d'un immeuble appartenant à un tiers ;

3º Celles qui contiennent des armes ou des timbres publics, ou des reproductions de nature scandaleuse ;

4º Celles identiques à des marques déjà enregistrées ou régulièrement déposées en faveur d'un tiers, et celles qui ressemblent à d'autres marques de manière à pouvoir facilement se confondre avec elles, sauf si la ressemblance porte sur des signes généralement en usage dans certaines industries. (Art. 4.)

Durée de la protection. — Durée de la protection : dix ans à partir de la date de l'enregistrement ou du renouvellement. (Art. 9.)

Examen et opposition. — L'Administration examine si la marque répond aux conditions exigées par la loi. Si tel n'est pas le cas, le dépôt est refusé, sauf recours au Département de l'Intérieur dans le délai de deux mois. (Art. 5.)

Droit des Étrangers. — Le roi peut, sous la condition de réciprocité, décréter que les personnes exploitant une industrie ou un commerce à l'étranger sont admises à jouir de la protection accordée par la loi, moyennant le dépôt des documents. La marque étrangère n'est pas protégée à un degré plus étendu, ni pour un terme plus long que dans le pays d'origine. (Art. 15.)

États ayant la réciprocité. — La Norvège a conclu des traités en matière de marques avec les États suivants : Allemagne, Autriche-Hongrie, Danemark, Espagne, États-Unis, France et Suède.

Elle fait, en outre, partie de l'Union de 1883.

Pièces à fournir. — 1º trois exemplaires ; 2º deux clichés ; 3º certificat d'origine ; 4º déclaration de soumission à la juridiction norvégienne ; 5º pouvoir ; 6º description de la marque ; 7º liste des marchandises.

PAYS-BAS (sans les colonies).

Loi du 30 septembre 1893.

Qui peut déposer une marque? — Le droit à l'usage exclusif de la marque appartient au premier qui, aux Pays-Bas, ou dans les colonies néerlandaises, l'a employée pour le même genre de produits, mais seulement pendant une durée ne dépassant pas trois ans depuis le dernier usage qui en a été fait. Le dépôt de la marque constitue une présomption de priorité d'usage (art. 3).

Marques qui ne peuvent être enregistrées. — Une marque ne peut contenir de mots ou de représentations contraires à l'ordre public ou aux bonnes mœurs, ni les armoiries, même légèrement modifiées, du royaume, d'une province, d'une commune ou d'une autre corporation publique.

Durée de la protection. — 20 ans à partir de la date de l'enregistrement ou de son renouvellement. (Art. 18.)

Examen et opposition. — L'Administration examine si la marque concorde entièrement ou dans ses éléments essentiels avec une marque déjà enregistrée ou déposée en faveur d'un tiers, pour les mêmes produits. En cas de refus d'enregistremen, le déposant peut recourir au Tribunal d'arrondissement de La Haye.

Toute marque enregistrée fait l'objet, dans la *Nederlandsche Staatscourant*, d'une publication contenant la description de la marque avec le cliché correspondant, et indiquant les produits auxquels la marque est destinée, ainsi que le domicile du déposant. Si elle concorde entièrement ou dans ses éléments essentiels avec une marque appartenant à une autre personne, celle-ci pourra demander au Tribunal d'arrondissement de La Haye, dans les six mois qui suivent la publication faite dans la *Staatscourant*, de déclarer la nullité de l'enregistrement.

Droit des étrangers. — Le déposant non domicilié aux Pays-Bas doit, lors du dépôt, faire élection de domicile dans ce royaume.

Les Pays-Bas ont conclu des traités en matière de marques avec les États suivants : Allemagne, Autriche-Hongrie, Belgique, Brésil, Danemark, États-Unis, Grèce, Japon, Russie et Suisse.

Ils font, en outre, partie de l'Union de 1883, et ont adhéré à l'enregistrement international.

Pièces à fournir. — 1° Un cliché ; 2° deux exemplaires ; 3° deux descriptions ; 4° un pouvoir et une déclaration d'élection de domicile.

PORTUGAL avec les Açores et Madère.

(Pays unioniste).

Loi du 21 mai 1896 ; règlement du 28 mars 1895.

Marques qui peuvent être enregistrées.
1° Les raisons commerciales et les firmes ;
2° Les noms complets ou abrégés des industriels ou commerçants, et les fac-similés de leurs signatures ;
3° Les dénominations de fantaisie ou spécifiques ;
4° Les emblèmes, sceaux, timbres, devises, cachets, empreintes, vignettes, figures, dessins et reliefs ;
5° Les lettres et chiffres combinés d'une manière distinctive ;
6° Le nom d'une propriété appartenant à l'industriel ou au commerçant. (Art. 60.)

Marques qui ne peuvent être enregistrées. — Une marque ne peut être admise à l'enregistrement :
1° Quand elle est contraire aux bonnes mœurs ou à la religion ;
2° Quand elle contient le portrait de chefs d'États, de membres de maisons régnantes, des écussons, des armoiries ou des décorations, à moins d'autorisation spéciale ;
3° Quand elle contient des noms dont le déposant n'a pas le droit de faire usage ;
4° Quand elle contient la représentation de décorations accordées par le gouvernement portugais ;
5° Quand elle renferme des dessins de médailles, ou se réfère à des diplômes auxquels le déposant n'a pas droit ;
6° Quand elle contient de fausses indications de provenance. (Art. 85.)

Qui peut déposer une marque ? — Tout industriel, agriculteur ou commerçant, a le droit d'employer et faire enregistrer les marques industrielles et commerciales de ses produits. L'enregistrement seul confère une propriété exclusive sur la marque.

Durée de la protection. — Dix ans, avec faculté de renouvellement.

Examen et opposition. — L'Administration examine si le dépôt a été régulièrement effectué, si la marque est constituée de la manière prévue par la loi, et si elle risque de se confondre avec une autre marque. En cas de refus, le déposant peut recourir au Tribunal de commerce de Lisbonne dans le délai de trois mois.

Après constatation du fait que la demande peut être accueillie, un avis y relatif est publié dans le *Diario do governo* et le *Boletim da propriedade industrial* ; le dessin de la marque peut également être effectué dans le *Boletim*, si le déposant fournit le cliché nécessaire. La date de la publication de cet avis marque le point de départ d'une période de trois mois pour les réclamations de quiconque s'envisagerait lésé par l'enregistrement. Sont admis à former une telle réclamation les propriétaires de marques enregistrées et ceux de marques non enregistrées qui n'en ont pas fait usage pendant plus de six mois, sauf le cas où ces derniers auraient déposé la marque dans le cours de cette période. Quand les réclamations présentées seront prises en considération, l'enregistrement sera refusé, sauf recours au Tribunal de commerce de Lisbonne dans le délai de trois mois.

Droit des Étrangers. — Les marques des *étrangers* résidant hors de Portugal (celles des Portugais sont protégées comme les marques nationales) sont enregistrées dans les mêmes conditions que celles des nationaux, si les conventions diplomatiques ou la législation du pays étranger établit la réciprocité en faveur des sujets portugais.

États ayant la réciprocité. — Le Portugal a conclu des traités en matière de marques avec les États suivants : Belgique, Brésil, Grande-Bretagne, Japon et Russie.

Il fait en outre, partie de l'Union de 1883, et a adhéré à l'Enregistrement international.

Pièces à fournir. — 1° Trois exemplaires ; 2° un pouvoir ; 3° un cliché.

ROUMANIE

Loi du 15/27 avril 1897 ; règlement du 30 mai/11 juin 1879.

Marques qui peuvent être employées. — Sont considérées comme marques les divers signes servant à distinguer les produits d'un industriel, par exemple : le nom sous une forme spéciale, les dénominations, empreintes, timbres, cachets, reliefs, vignettes, chiffres, enveloppes, etc. (Art. 1.)

Marques qui ne peuvent être enregistrées. — Ne sont pas considérés comme marques les lettres ou les monogrammes, les armes de l'Etat ou d'une commune, que l'on a l'habitude de mettre sur les produits. (Art. 2.)

Qui peut déposer une marque ? — La marque adoptée par une personne ne peut être adoptée par une autre pour distinguer des produits de même nature (art. 4). La jurisprudence a nettement établi que le dépôt est seulement déclaratif, non attributif de propriété.

Durée de la protection. — Quinze ans, avec faculté de renouvellement. (Art. 8.)

Examen et opposition. — La loi ne prévoit ni examen

administratif de la marque, ni opposition au dépôt de la part des tiers.

Droits des Étrangers. — Les étrangers et les Roumains dont les établissements sont situés hors de Roumanie sont admis à déposer leurs marques, si dans leur pays des traités internationaux assurent la réciprocité aux marques roumaines. (Art. 10).

États ayant la réciprocité. — La Roumanie a conclu des traités en matière de marques avec les États suivants : Allemagne, Autriche-Hongrie, Belgique, France et Suisse.

RUSSIE

Avis du Conseil d'État du 26 février/3 mars 1896.

Qui peut déposer une marque ? — La marque appartient au premier déposant (art. 13). Toute personne peut cependant contester par la voie judiciaire le droit de ce dernier pendant les trois ans qui suivent la publication relative à la délivrance du certificat d'enregistrement. (Art. 15.)

Marques qui peuvent être enregistrées. — Sont reconnus comme marques tous signes apposés sur les marchandises ou sur les emballages ou récipients qui les renferment, pour distinguer ces marchandises de celles d'autres industriels et commerçants, par exemple : les poinçons, marques, plombs, capsules, signes (brodés et tissés), étiquettes, vignettes, devises, écriteaux, couvertures, dessins représentant des genres originaux d'emballages, etc. (Art. 1.)

Les marques déposées doivent contenir (en langue russe) :

1º Les prénoms du propriétaire de l'établissement (ou au moins ses initiales), ainsi que son nom ou sa raison commerciale ;

2º L'adresse de l'établissement.

Les mentions étrangères ne sont admises qu'à titre complémentaire.

Le Ministre des Finances est autorisé à admettre des exceptions en ce qui concerne les marchandises pour lesquelles l'observation de cette règle présenterait des difficultés. (Art. 6.)

Marques qui ne peuvent être enregistrées. — 1º Qui portent des inscriptions et des dessins contraires à l'ordre public, aux bonnes mœurs et à la bienséance ;

2º Qui portent des inscriptions et des dessins évidemment faux ou ayant pour but d'induire le public en erreur ;

3º Qui représentent des distinctions honorifiques conférées au déposant pour être portées personnellement, de même que toutes autres récompenses ou distinctions, si l'année de leur concession n'est pas clairement indiquée. (Art. 3) ;

4° Qui ne diffèrent pas suffisamment de celles dont l'usage exclusif a déjà été concédé (par l'enregistrement) à d'autres personnes pour des marchandises analogues ;

5° Qui sont-dans l'usage général pour marquer certaines catégories de marchandises ;

6° Qui sont uniquement composées de chiffres, de mots et de lettres séparés ne constituant pas, par leur forme ou leur combinaison un signe distinctif. (Art. 8.)

Durée de la protection. — De 1 à 10 ans, avec faculté de renouvellement. (Art. 12.)

Examen et opposition. — La marque est examinée par l'Administration, qui en refuse l'enregistrement, avec indication des motifs de refus, si elle ne satisfait pas aux dispositions de la loi. (Art. 9.)

Droit des étrangers. — La question de savoir si l'industriel ou commerçant étranger établi en Russie a le droit de déposer sa marque, doit être résolue dans le sens affirmatif, quoique la loi ne contienne pas de dispositions précises à ce sujet.

La protection des marques d'établissements situés à l'étranger est réglée par les traités internationaux.

La Russie a conclu de ces traités avec les États suivants : Allemagne, Autriche-Hongrie, Belgique, Bulgarie, Danemark, Espagne, Etats-Unis, France, Grande-Bretagne, Italie, Japon, Pays-Bas, Portugal, Serbie et Suisse.

Pièces à fournir. — 1° 100 exemplaires ; 2° une description ; 3° liste des marchandises.

SERBIE (Pays unioniste).

Loi du 30 mai 11 juin 1884 ; règlement du 25 mai 1885.

Marques qui ne peuvent être enregistrées. — Est considéré comme marque tout signe servant à distinguer les produits d'une industrie ou les objets d'un commerce des produits ou objets similaires, en particulier les cachets, vignettes, reliefs, chiffres, inscriptions, figures spéciales, etc. (Art. 1.)

Marques qui ne peuvent être enregistrées. — Sont exclues de la protection les marques :

1° Qui sont d'un usage général dans le commerce ;

2° Qui consistent en une seule lettre, en un seul chiffre ou en un seul mot ;

3° Qui reproduisent les armoiries de l'État ;

4° Qui ont un caractère immoral, ou qui sont contraires à l'ordre public. (Art. 3.)

Qui peut déposer ? — La marque appartient au premier déposant. (Art. 2.)

Durée de la protection. — 10 ans avec faculté de renouvellement. (Art. 45.)

Examen et opposition. — La loi ne prévoit ni examen administratif de la marque, ni opposition au dépôt de la part des tiers.

Droit des étrangers. — La loi prévoit l'enregistrement des marques étrangères, sans subordonner la protection de ces dernières à des conditions spéciales.

Des traités conclus avec l'Allemagne et l'Autriche-Hongrie dérogent aux dispositions contenues dans la loi nationale, spécialement par l'établissement d'un délai de priorité pour le dépôt des marques.

La Serbie a conclu des traités en matière de marques avec les États suivants : Allemagne, Autriche-Hongrie, Bulgarie, États-Unis, France, Grande-Bretagne, Monténégro et Russie.

Elle fait, en outre, partie de l'Union de 1883.

Pièces à fournir. — 1° 3 exemplaires ; 2° une liste de marchandises ; 3° éventuellement, des échantillons marqués, si les objets sont en métal, terre, verre, etc.; 4° un pouvoir.

SUÈDE (Pays unioniste).

Lois des 5 juillet 1884 et 5 mars 1897 ; décrets des 31 décembre et 25 juin 1897.

Qui peut déposer une marque ? — Le droit à l'usage exclusif de la marque appartient au premier déposant.

Marques qui ne peuvent être enregistrées. — Ne peuvent être enregistrées :

1° Les marques qui ne sont composées que de chiffres, de lettres ou de mots ne se distinguant pas par une forme suffisamment particulière pour qu'il y ait lieu de considérer la marque comme une marque figurative. L'enregistrement ne pourra cependant pas être refusé, si la marque se compose de mots pouvant être considérés comme une désignation spécialement créée pour certaines marchandises indiquées dans la demande, et si cette dénomination n'a pas pour but de désigner l'origine, la nature, l'affectation, la quantité ou le prix de la marchandise :

2° Celles qui contiennent indûment un nom autre que celui du déposant, ou le nom d'un immeuble appartenant à un tiers ;

3° Celles qui contiennent des armes ou des timbres publics, ou des reproductions de nature scandaleuse ;

4° Celles identiques à des marques déjà enregistrées ou régulièrement déposées en faveur d'un tiers, et celles qui offrent avec d'autres marques une ressemblance telle que, sauf des différences de détail, les marques peuvent être facilement confondues dans leur ensemble. (Art. 4.) Le dépôt ne peut être refusé si la ressemblance porte un des signes généralement en usage dans certaines industries. (Art. 7.)

Durée de la protection. —Dix ans à partir de la date de l'enregistrement ou du renouvellement. (Art. 9.)

Examen et opposition. — L'Administration examine si la marque répond aux conditions exigées par la loi. Si tel n'est pas le cas, le dépôt est refusé, sauf recours auprès du roi dans les 60 jours à partir de la date du refus. (Art. 5.)

Droit des étrangers. — Le roi peut, sous condition de réciprocité, décréter que les personnes exploitant une industrie ou un commerce à l'étranger sont admises à jouir de la protection accordée par la loi, moyennant le dépôt des documents indiqués sous les numéros 4 et 5 des pièces à fournir. La marque étrangère n'est pas protégée à un degré plus étendu, ni pour un terme plus long que dans le pays d'origine. (Art. 16.)

États ayant la réciprocité. — La Suède a conclu des traités en matières de marques avec les États suivants : Allemagne, Autriche-Hongrie, Danemark, Espagne, France, Japon et Norvège.

Elle fait, en outre, partie de l'Union de 1883.

Pièces à fournir. — 1° Trois exemplaires ; 2° deux clichés ; 3° certificat d'origine ; 4° une déclaration de soumission à la juridiction suédoise ; 5° un pouvoir ; 6° une description de la marque ; 7° une liste des marchandises.

SUISSE (Pays unioniste).

Loi du 26 septembre 1890 ; règlement du 7 avril 1891.

Marques qui peuvent être enregistrées. — Sont considérés comme marques :

1° Les raisons de commerce ;

2° Les signes appliqués sur les marchandises ou sur leur emballage, à l'effet de les distinguer ou d'en constater la provenance. (Art. 1.)

Marques qui ne peuvent être enregistrées. — L'enregistrement d'une marque est refusé :

1° Lorsqu'il n'est pas satisfait aux conditions et formalités établies par la loi ;

2° Lorsque la marque comprend, comme élément essentiel, des armoiries publiques ou toute autre figure devant être considérée comme propriété publique, ou lorsqu'elle contient des indications contraires aux bonnes mœurs ;

3° Lorsque plusieurs personnes déposent concurremment la même marque, jusqu'au moment où l'une d'elles produit une renonciation dûment certifiée de ses concurrents, ou un jugement passé en force de chose jugée ;

4° Lorsque la marque porte une indication de provenance évidemment fausse, ou une raison de commerce fictive, imitée ou contrefaite, ou l'indication de distinctions honorifiques dont le déposant n'établit pas la légitimité, sur ce dernier point, la preuve de possession légitime n'est exigée des déposants étrangers qu'en ce qui concerne les distinctions honorifiques obtenues en Suisse. (Art. 14.)

Qui peut déposer une marque ? — Le droit à la marque est acquis par la priorité d'usage ; mais jusqu'à preuve du contraire, il y a présomption que le premier déposant est le véritable ayant-droit. (Art. 5.)

L'usage d'une marque ne peut être revendiqué en justice qu'après son dépôt légal. (Art. 4.)

Durée de la protection. — 20 ans, avec faculté de renouvellement. (Art. 8.)

Examen et opposition. — L'Administration examine si la marque satisfait aux exigences de la loi. Si ce n'est pas le cas, elle refuse l'enregistrement, sauf recours au Département fédéral de Justice et police, dans le délai de trois mois. Si le Département maintient la décision, l'intéressé peut en appeler en dernière instance au Conseil fédéral, dans un nouveau délai de trois mois. (Règl., art. 15.)

Si l'Administration constate qu'une marque n'est pas nouvelle dans ses éléments essentiels, elle en avise confidentiellement le déposant, qui peut maintenir, modifier ou abandonner sa demande. (Art. 13).

Droit des étrangers. — Les personnes établies dans les États qui accordent la réciprocité de traitement sont admises à déposer leurs marques, pourvu qu'elles fournissent la preuve que celles-ci sont protégées au lieu de leur établissement. (Art. 7-20.)

États ayant la réciprocité — La Suisse a conclu des traités en matière de marques avec les États suivants : Allemagne, Autriche-Hongrie, Belgique, États-Unis, Grande-Bretagne, Grèce, Japon, Pays-Bas, Roumanie et Russie.

Le traité conclu avec l'Allemagne déroge aux dispositions contenues dans la loi nationale, spécialement par l'établissement d'un délai de priorité pour le dépôt des marques.

La Suisse fait, en outre, partie de l'Union de 1883, et elle a adhéré à l'Enregistrement international.

Pièces à fournir. — 1° 2 exemplaires ; 2° un cliché ; 3° un pouvoir ; 4° un certificat d'origine.

TURQUIE (Pays non unioniste).
Règlement du 10 mai 1888.

Marques qui peuvent être enregistrées. — Sont considérés comme marques de fabrique tout nom, cachet, dessin, lettre, chiffre, enveloppe et tout autre signe figurant sur les produits, en vue de faire connaître au public le nom de la fabrique, le lieu d'origine, les nom, prénom et domicile du fabricant ou du commerçant. (Art. 1.)

Marques qui ne peuvent être enregistrées. — On ne peut choisir comme marques des signes, caractères ou emblèmes contraires à l'ordre public, aux bonnes mœurs ou à la morale. (Art. 2.)

Qui peut déposer? — Nul ne peut invoquer les dispositions de la loi, par une action en contrefaçon, s'il n'a effectué le dépôt régulier de sa marque. (Art. 3.)

Durée de la protection. — 15 ans, avec faculté de renouvellement. (Art. 4.)

Examen et opposition. — La loi ne prévoit ni examen administratif de la marque, ni opposition au dépôt, de la part des tiers.

Droit des étrangers. — Les étrangers qui se livrent, en Turquie, à l'industrie et au commerce, sont admis à déposer leurs marques, moyennant l'accomplissement des formalités prescrites. Le Ministère admet cependant toutes les marques au dépôt, sans rechercher si le déposant est domicilié ou non en Turquie. (Art. 6.)

2ᵉ Partie. — AMÉRIQUE

ARGENTINE (République)

Lois des 14 août 1876 et 13 sept. 1877 ; règlement du 9 septembre 1876.

Marques qui peuvent être enregistrées. — Sont considérés comme marques : les dénominations des objets ou les noms des personnes, reproduits sous une forme particulière ; les emblèmes, les monogrammes, les gravures ou estampes, les cachets, vignettes et reliefs, les lettres et chiffres avec dessin spécial, les récipients ou enveloppes des objets, et tout autre signe employé pour distinguer les produits d'une fabrique ou les articles d'un commerce. (Art. 1.)

Marques qui ne peuvent être enregistrées. — Ne sont pas considérés comme marques :

1º Les lettres, mots, noms ou signes distinctifs employés dans le service de l'État ;

2ʲ La forme donnée aux produits par le fabricant ;

3º La couleur des produits ;

4º Les termes ou locutions passées dans l'usage général ;

5º Les désignations habituellement employées pour indiquer la nature des produits ou la classe à laquelle ils appartiennent ;

6º Les dessins ou expressions contraires à la morale. (Art. 3.)

Qui peut déposer une marque ? — La propriété de la marque appartient au premier déposant (art. 4), sauf en ce qui concerne les marques étrangères qui ne peuvent être demandées que par les propriétaires eux-mêmes.

Durée de la protection. — Dix ans à partir de la délivrance du certificat d'enregistrement (art. 10) avec faculté de renouvellement. (Art. 11.)

Examen et opposition. — L'Administration examine si la demande présentée se trouve dans la forme et dans les conditions requises par la loi et le règlement.

En cas de refus, il peut être interjeté appel auprès du Ministère de l'Intérieur pendant un délai de dix jours. (Art. 17.)

Droits des étrangers. — Les propriétaires de marques étrangères, ou leurs agents dûment autorisés peuvent seuls demander l'enregistrement de ces marques.

Aucune formalité spéciale n'est indiquée pour le dépôt des marques étrangères. (Loi du 13 septembre 1877.)

États ayant la réciprocité. — La République Argentine à conclu des traités en matière de marques avec les États suivants : Danemark, Paraguay, Pérou, Uruguay.

Pièces à fournir. — 1° Deux exemplaires ; 2° une description ; 3° un pouvoir.

BOLIVIE

Loi du 25 novembre 1893 ; règlement du 24 mars 1897.

Marques qui peuvent être enregistrées. — Sont considérés comme marques les gravures, monogrammes, vignettes ou reliefs, lettres et chiffres d'un dessin particulier, les récipients ou enveloppes et les autres signes ayant un caractère distinctif ou servant à distinguer les produits d'une fabrique. (Art. 2.)

Qui peut déposer une marque ? — La marque appartient au premier déposant. (Art. 3.) Le dépôt de la marque est obligatoire. (Art. 18.)

Durée de la protection. — Une année avec obligation de renouvellement en payant une taxe annuelle. Si la taxe annuelle n'est pas payée après une première notification, les produits munis de la marque sont saisis et vendus aux enchères jusqu'au montant de la dette plus 2 °/₀ d'intérêt par mois, sans préjudice de l'annulation de la concession. (Art. 21.) L'industriel qui continuera à faire usage d'une marque ayant été l'objet de la procédure coercitive sera poursuivi comme contrefacteur. (Art. 22.)

Examen et opposition. — La décision concernant la concession de la marque par le préfet, ainsi que la demande y relative et ses annexes, doivent être publiées à trois reprises, à 10 jours d'intervalle et aux frais de l'intéressé, dans le journal qui sera désigné à cet effet. (Art. 10.) Après la publication, l'intéressé doit demander que la procédure soit transmise au Ministère du *Fomento*, pour qu'il approuve la concession. (Art. 11.)

S'il se présente des opposants après l'expiration des délais de publication, le préfet transmettra la procédure au procureur du district, qui prononcera sur la priorité des droits. (Art. 12.) La décision refusant une demande pourra, dans les huit jours qut suivent sa notification, faire l'objet d'un recours au Ministère du *Fomento*, qui prononcera d'une manière définitive. (Art. 13.)

Droits des Étrangers. — Les marques étrangères sont traitées sur le même pied que les marques nationales.

La Bolivie a conclu des traités en matière de marques avec la France et la Grande-Bretagne.

Pièces à fournir. — 1° Deux exemplaires ; 2° deux descriptions ; 3° un pouvoir.

BRÉSIL (Pays unioniste).

Loi du 14 octobre 1887 ; règlement du 31 décembre 1887.

Marques qui peuvent être enregistrées. — Une marque peut être constituée de toute manière non prohibée par la loi, et de nature à distinguer les marchandises de provenances différentes.

Les noms, les dénominations nécessaires ou vulgaires, les signatures ou raisons de commerce, de même que les lettres et les chiffres ne peuvent servir de marques, que s'ils revêtent une forme distinctive. (Art. 2.)

Marques qui ne peuvent être enregistrées. — Est prohibé l'enregistrement de toute marque qui consisterait en un des objets suivants, ou qui le contiendrait :

1° Des armes, armoiries, médailles ou attributs publics ou officiels, sauf l'autorisation de l'autorité compétente ;

2° Un nom commercial dont le déposant ne peut user légitimement ;

3° Le nom d'un lieu ou d'un établissement autre que celui d'où provient l'objet ;

4° Des mots, des images ou des représentations constituant une offense individuelle ou un outrage aux bonnes mœurs ;

5° La reproduction d'une autre marque déjà enregistrée pour un objet de même nature ;

6° L'imitation, totale ou partielle, d'une marque déjà enregistrée pour un objet de même nature, et pouvant induire l'acheteur en erreur ou créer une confusion. (Art. 8, Art. 9, règlement 31 décembre 1887.)

Qui peut déposer une marque ? — La marque appartient au premier déposant. (Art. 3.)

Durée de la protection. — 15 ans avec faculté de renouvellement. (Art. 12.)

L'enregistrement est nul si dans le délai de trois ans à partir du dépôt, on n'a pas fait usage de la marque. (Art. 12.)

Examen et opposition. — L'autorité préposée au dépôt examine la marque, et l'enregistre, si celle-ci est reconnue conforme aux prescriptions légales. (Art. 6.)

Dans les trente jours à partir de la date de l'enregistrement, l'intéressé doit publier la description de sa marque et l'attestation y relative dans le journal destiné à l'insertion des actes officiels du gouvernement général ou provincial, selon que son établissement principal ou unique est situé dans la capitale ou en pays étranger, ou dans une province. (Art. 7.)

Toute décision refusant ou admettant l'enregistrement d'une marque peut faire l'objet d'un appel au tribunal de seconde instance du district, soit de la part du déposant, soit de la part des opposants susmentionnés ci-après (art. 10) savoir :

1° L'accusateur public, quand les marques contiennent des

armoiries ou autres attributs publics ou officiels, ou des éléments constituant une offense individuelle ou un outrage aux bonnes mœurs ;

2° Le propriétaire du nom commercial usurpé ;

3° Tout industriel ou commerçant de la même branche résidant dans la localité faussement indiquée comme lieu de provenance ;

4° Le propriétaire de l'établissement dont le nom est usurpé ;

5° La personne pour laquelle le contenu de la marque constitue une offense personnelle ;

6° Celui dont la marque est contrefaite ou imitée. (Art. 22. Règlement 31 décembre 1877.)

Droits des Étrangers. — Les marques appartenant à des étrangers et à des Brésiliens établis au dehors sont admises au dépôt moyennant les conditions suivantes :

1° Qu'il existe entre le Brésil et le pays étranger dont il s'agit un traité établissant réciprocité de·protection en faveur des marques brésiliennes ;

2° Que les marques aient été légalement enregistrées dans leur pays d'origine. (Art. 25.)

États ayant la réciprocité. — Le Brésil a conclu des traités en matière de marques avec les États suivants : Allemagne, Autriche-Hongrie, Belgique, Danemark, États-Unis, France, Italie, Pays-Bas et Portugal.

Il fait, en outre, partie de l'Union de 1883 et a adhéré à l'Enregistrement international.

Pièces à fournir. — 1° Trois exemplaires ; 2° une description ; 3° l'indication du genre d'industrie ; 4° un pouvoir

---

CANADA (Colonie britannique).

Statuts revisés, 1886, chapitre 63 ; règlement du 9 mai 1887.

Marques qui peuvent être enregistrées. — Sont considérés comme marques, au sens de la loi, les marques, noms, empreintes, et tous autres signes adoptés par une personne pour distinguer les produits ou marchandises de toute sorte fabriqués, emballés ou vendus par elle.

Il y a deux espèces de marques :

1° La *marque générale*, destinée aux divers articles dont le propriétaire trafique dans son commerce ou son industrie ;

2° La *marque spéciale*, employée pour la vente d'un genre de marchandises d'une nature particulière. (Art. 4.)

Marques qui ne peuvent être enregistrées. — Le Ministre peut refuser l'enregistrement dans les cas suivants :

1° S'il n'est pas certain que le déposant ait un droit exclusif à l'usage de la marque ;

2° Si la marque est identique ou ressemble à une marque déjà enregistrée ;

3° Si la marque paraît combinée en vue de tromper le public ;

4° Si elle contient un dessin immoral ou scandaleux ;

5° Si la prétendue marque ne contient pas les éléments constitutifs d'une marque proprement dite.

Le Ministre peut, toutefois, renvoyer la décision de l'affaire à la Cour d'Échiquier du Canada. (Art. 11.)

Qui peut déposer une marque ? — L'enregistrement confère au déposant le droit exclusif de faire usage de la marque dans le commerce. (Art. 3.) Nul ne peut instituer une action pour empêcher la contrefaçon ou l'usage illégitime d'une marque, si celle-ci n'est pas enregistrée. (Art. 19.)

Durée de la protection. — Marque générale : durée illimitée. Marque spéciale : 25 ans avec faculté de renouvellement. (Art. 14.)

Droits des Étrangers. — L'enregistrement des marques étrangères ne fait l'objet d'aucune disposition spéciale.

Pièces à fournir. — 1° Deux exemplaires ; 2° une description ; 3° une déclaration d'usage ; 4° liste des produits (marque spéciale).

CHILI

Loi du 12 novembre 1874.

Marques qui peuvent être enregistrées. — Sont considérés comme marques de fabrique ou de commerce : les noms propres, les emblèmes et tous autres signes adoptés par les fabricants ou les commerçants pour distinguer les articles fabriqués ou vendus par eux.

Pour être susceptibles de protection, les marques de fabrique (celles des industriels et des agriculteurs) devront porter la mention *Marca de fabrica* ou *M. de F.;* et les marques de commerce (celles des commerçants), la mention *Marca comercial* ou *M.C.* (Art. 3.)

Qui peut déposer une marque ? — La marque appartient au premier déposant. (Art. 5.)

Durée de la protection. — 10 ans avec faculté de renouvellement. (Art. 7.)

Examen et opposition. — La loi ne prévoit ni examen administratif de la marque, ni opposition à son enregistrement de la part des tiers.

Droits des Étrangers. — La loi prévoit l'enregistrement des marques étrangères, sans subordonner la protection de ces dernières à des conditions spéciales.

Pièces à fournir. — 1° Sept exemplaires ; 2° liste des marchandises ; 3° un pouvoir.

COSTA—RICA

Loi du 22 mai 1896 ; règlement du 11 septembre 1896.

Marques qui peuvent être enregistrées. — Sont considérés comme marques : les noms des fabricants et commerçants les cachets, estampilles, gravures, vignettes, monogrammes, devises, légendes, et tous autres signes distinctifs qui servent à caractériser les produits d'une fabrique ou les articles d'une maison de commerce. (Art. 1.)

Marques qui ne peuvent être enregistrées. — Il est interdit de faire usage, dans les marques, de dessins, gravures ou vignettes contraires aux bonnes mœurs, ainsi que des armoiries de la république et du pavillon national. (Art. 11 et 12.)

Qui peut déposer une marque ? — La marque appartient au premier déposant. (Art. 3.)

Durée de la protection. — 15 ans avec faculté de renouvellement de 10 en 10 ans. (Art. 5.)

Examen et opposition. — La loi ne prévoit ni examen administratif de la marque, ni opposition à son enregistrement de la part des tiers.

Droits des Étrangers. — La loi ne contient aucune disposition spéciale relative aux marques étrangères.

Le Costa-Rica a conclu des traités en matières de marques avec la France et le Honduras.

Pièces à fournir. — 1° Deux exemplaires ; 2° pouvoir ; 3° liste des marchandises.

CUBA (Ile de).

D'après une circulaire en date du 11 avril 1899 du Département de la Guerre des États-Unis, Division des Douanes et des Affaires insulaires, les marques enregistrées au Bureau des brevets des États-Unis, conformément à la législation de ce pays, jouissent à Cuba de la même protection qu'aux États-Unis, à la condition qu'une copie certifiée du certificat d'enregistrement soit déposée au Bureau du Gouverneur général de l'île, et sans préjudice des droits préexistants obtenus sous le régime espagnol.

CURAÇAO (Colonie néerlandaise unioniste).

Arrêté du 9 novembre 1893.

Comme pour les Pays-Bas.

Les personnes non domiciliées dans l'île de Curaçao doivent y faire élection de domicile.

Cette colonie fait partie de l'Union de 1883, et a adhéré à l'Enregistrement international.

ÉTATS-UNIS (Pays unioniste).

Lois des 3 mars 1881 et 5 août 1882 ; règlement du 1er novembre 1898.

Marques qui peuvent être enregistrées. — La loi ne détermine pas les éléments constitutifs de la marque. En fait, la protection est accordée aux marques figuratives et aux marques verbales.

Sont seules admises à l'enregistrement les marques employées dans le commerce avec les nations étrangères ou les tribus indiennes. (Sect. 1.)

Marques qui ne peuvent être enregistrées. — Aucune marque ne peut être enregistrée si elle n'a été employée légalement dans le commerce avec les pays étrangers ou avec les tribus indiennes ; ou si elle n'est comprise dans la stipulation d'un traité ; ou si elle consiste dans le nom du requérant ; ou si elle est la reproduction d'une marque connue ou enregistrée appliquée à la même classe de marchandises. (Sect. 3.)

Qui peut déposer une marque? — La marque appartient au premier qui en a fait usage. L'enregistrement crée, en faveur du déposant, une présomption favorable au droit à la marque. (Sect. 7.)

Durée de la protection. — 30 ans à partir de la date du certificat, avec faculté de renouvellement.

Si la marque est appliquée à des produits fabriqués à l'étranger, et si elle est protégée par un autre pays pour une durée plus courte, la marque cessera d'être protégée aux États-Unis au moment où elle ne fera plus nulle part l'objet d'une propriété exclusive. (Sect. 5.)

Examen et opposition. — Toute demande d'enregistrement est renvoyée à un examinateur du *Patent Office*, contre la décision duquel on peut recourir auprès du *Commissioner of Patents*.

Droits des étrangers. — Les marques des étrangers ne résidant pas aux États-Unis sont admises à l'enregistrement à la condition que, par convention diplomatique ou par sa législation, le pays où ils résident accorde un privilège semblable aux citoyens des États-Unis.

États ayant la réciprocité. — Les États-Unis ont conclu des traités en matière de marques avec les États suivants : Allemagne, Autriche-Hongrie, Belgique, Brésil, Danemark, Espagne, France, Grande-Bretagne, Grèce, Italie, Japon, Pays-Bas, Russie, Serbie et Suisse.

Ils font, en outre, partie de l'Union de 1883.

Pièces à fournir. — 1º Une déclaration, une description, le mode d'application ; 2° un serment ; 3° un fac-simile de la marque.

GUATEMALA

Loi du 13 mai 1899.

Marques qui peuvent être déposées. — Constituent des marques : les dénominations des objets ou les noms des personnes sous une forme distinctive, les emblèmes, monogrammes, gravures ou imprimés, les timbres, vignettes et reliefs, les lettres et numéros d'un dessin spécial, les récipients ou enveloppes des objets, et tout autre signe choisi pour distinguer les produits d'une fabrique ou les objets d'un commerce.

Marques qui ne peuvent être déposées. — Sont cependant exclus de l'appropriation comme marques :

1° Les armoiries de la République ou celles de tout autre pays, sauf l'autorisation du gouvernement respectif ;

2° Le portrait de toute personne autre que le déposant, sauf le consentement préalable de l'intéressé ;

3° Les signes distinctifs qui pourraient être confondus avec d'autres marques déjà enregistrées.

Ne sont pas considérés comme marques ;

1° Les lettres, mots, noms ou signes distinctifs dont l'État fait ou doit faire usage ;

2° La forme et la couleur des produits ;

3° Les termes ou locutions qui ont passé dans l'usage général et les désignations usuellement employées pour indiquer la nature ou la catégorie des produits ;

4° Les dessins ou les expressions contraires à la morale.

Qui peut déposer une marque ? — La marque appartient au premier déposant. (Art 4.)

Durée de la protection. — 10 ans avec faculté de renouvellement. (Art. 11.)

Examen et opposition. — La demande d'enregistrement est publiée dans le *Journal officiel* pendant un mois, après quoi elle est transmise au Bureau des marques, pour qu'il fasse rapport. S'il ne se produit pas d'opposition, et si le rapport n'est pas défavorable, l'enregistrement de la marque est ordonné. En cas contraire, la demande est résolue après audition du ministère public. (Art. 18 et 19.)

Droits des Etrangers. — Les fabriques des pays avec lesquels la République possède des conventions en vigueur pourront faire enregistrer leurs marques.

Etats ayant la réciprocité — Le Guatemala a conclu des traités en matière de marques avec les États suivants : France, Grande-Bretagne, Honduras et Salvador.

Pièces à fournir. — 1° Deux exemplaires : 2° deux descriptions ; 3° un pouvoir ; 4° un certificat d'origine.

JAMAIQUE

(Colonie britanique)

Lois des 22 mai 1888 et 18 juin 1889 ; règlement du 4 avril 1889.

Marques qui peuvent ou non être enregistrées. — Comme pour l'Australie du Sud.

Qui peut déposer une marque? — Comme pour l'Australie occidentale.

Examen et opposition. — Comme pour l'Australie occidentale, sauf que la Cour suprême prononce en dernier ressort, en cas de refus d'enregistrement. C'est elle aussi qui prononce sur les oppositions.

Droits des Etrangers. — Si la personne qui demande l'enregistrement d'une marque est hors de la Jamaïque au moment du dépôt, et n'est pas au bénéfice d'une convention internationale, elle devra indiquer une adresse où les notifications pourront lui être adressées dans la Jamaïque.

Le propriétaire d'une marque enregistrée en Angleterre a droit à l'enregistrement immédiat de cette marque, moyennant le dépôt d'un extrait de l'inscription figurant dans le registre britannique, certifié par le Contrôleur général des brevets et muni du sceau du Bureau des brevets et le payement de la taxe prescrite.

MEXIQUE

Code commercial, art. 1418 et suiv.; loi du 28 novembre 1889; décret

du 17 décembre 1897

Marques qui peuvent être déposées. — Est considéré comme marque tout signe spécial destiné à distinguer dans le commerce un produit industriel quelconque. (Art. 1.)

Marques qui ne peuvent être enregistrées. — La forme des emballages, leur couleur, les titres ou autres formules ne constituent une marque que s'ils forment par eux-mêmes des signes distinctifs. Aucun signe contraire à la morale ne peut constituer une marque (Art. 3.)

Qui peut déposer une marque? — Celui qui, le premier, a fait légalement usage d'une marque a seul le droit d'en acquérir la propriété. (Art. 8.)

Le droit exclusif sur une marque ne peut être exercé sans

une déclaration du Ministère du Fomento constatant le dépôt de la marque. (Art 9.)

Durée de la protection. — La durée de la protection est indéfinie. Toutefois, la suspension de la production ou de la vente de l'article pendant plus d'une année est considérée comme équivalant à l'abandon du droit. (Art. 12.)

Examen et opposition. — La demande est publiée par le Ministère du Fomento. S'il se produit une opposition dans les 90 jours, la marque ne sera enregistrée qu'après décision définitive de l'autorité judiciaire. (Art.10.)

Droits des Étrangers. — La protection est accordée aux marques étrangères sans aucune condition de réciprocité. (Art. 4.)

Le Mexique a conclu des traités en matière do marques avec les États suivants : Belgique, France, Grande-Bretagne et Italie.

Pièces à fournir. — 1º Deux exemplaires; 2º un certificat d'origine; 3º un pouvoir.

PARAGUAY (Pays non unioniste)

Loi du 25 juin 1889.

En tout comme pour la République Argentine, sauf que le Paraguay a conclu des traités en matières de marques avec les États suivants : Argentine (Rép.), Grande-Bretagne, Italie, Pérou et Uruguay.

PÉROU

Lois des 19 décembre 1892 et 31 décembre 1895

Marques qui peuvent être enregistrées. — Sont considérés comme marques les noms d'objets ou de personnes écrits sous une forme spéciale; les emblèmes, monogrammes, gravures, dessins, sceaux, vignettes, reliefs, lettres et numéros d'une forme déterminée; les contenants, couvertures ou enveloppes des marchandises, et, en général, tout signe employé pour distinguer les produits d'une fabrique ou les articles d'un commerce d'autres produits de la même espèce. (Art. 1.)

Marques qui ne peuvent être enregistrées. — Ne peuvent être enregistrés comme marques :

1º Les lettres, noms ou marques employés par l'État ;

2º La forme ou la couleur du produit ;

3º Les termes ou locutions qui sont dans l'usage général ;

4º Les désignations usuelles des produits ;

5º Les dessins ou mentions d'un caractère immoral. (Art. 4.)

Qui peut déposer une marque? — L'enregistrement confère au premier déposant un droit absolu sur la marque. (Art. 5.)

Durée de la protection. — 10 avec faculté de renouvellement.

Examen et opposition. — En cas de refus d'enregistrement, l'intéressé peut demander au gouvernement, dans les trente jours, la revision de la décision y relative. Le gouvernement décidera après avoir consulté le procureur de la Cour suprême. (Art.15)

Droits des Étrangers. — La seule différence faite par la loi entre les étrangers et les nationaux consiste dans le taux de la taxe, qui est réduit du quart pour ces derniers. (Art. 16.)

Le Pérou a conclu des traités en matière de marques avec les États suivants: Argentine (Rép.), France, Japon, Paraguay et Uruguay.

Pièces à fournir. — 1° Deux exemplaires; 2° une description; 3° un pouvoir.

PORTO-RICO (Ile de)

Comme pour Cuba.

SURINAM (Colonie néerlandaise unioniste)

Arrêté du 9 novembre 1893.

Comme pour les Pays-Bas.

Les personnes non domiciliées dans la colonie doivent y faire élection de domicile.

Cette colonie fait partie de l'Union de 1883, et a adhéré à l'Enregistrement international.

URUGUAY

(Pays non nnioniste)

Loi du 1er mars 1877; décret du 12 juin 1896.

La marque appartient au premier d éposant.

La protection légale ne produit ses effets qu'à partir de la délivrance du certificat d'enregistremeut.

La durée de la protection est de 10 ans, avec faculté de renouvellement.

Les enregistrements de marques étrangères, faits à la demande de personnes non suffisamment autorisées par le propriétaire, sont considérés comme provisoires. Ils deviendront définitifs, si les intéressés se conforment ultérieurement aux dispositions de la loi. (Décret 12 juin 1890.)

L'Uruguay a conclu des traités en matière de marques avec les États suivants : Argentine (Rép.), Paraguay et Pérou.

VENEZUELA

Loi du 24 mai 1877; règlement du 7 janvier 1878.

Marques qui ne peuvent être enregistrées. — Ne peut être enregistrée une marque qui n'est pas ou ne pourrait pas devenir une marque légitime ; ou qui consiste simplement dans le nom d'une personne, d'une société ou d'une corporation, sans accompagnement d'un signe distinctif suffisant pour le différencier d'autres noms semblables ; ou qui est identique à une autre marque déjà appliquée aux mêmes produits, et déjà enregistrée ou présentée à l'enregistrement ; ou qui présente une telle ressemblance avec une autre marque, qu'il s'en suive une probabilité d'erreur de la part du public. (Art. 4.)

Qui peut déposer une marque? — L'enregistrement de la marque est attributif de propriété, sauf le cas où il aurait été obtenu frauduleusement.

Durée de la protection. — 30 ans, avec faculté de renouvellement ; les marques étrangères cesseront, toutefois, de jouir de la protection légale dès qu'elles ne seront plus protégées dans leur pays d'origine. (Art. 7.)

Examen et opposition. — L'Administration ne doit enregistrer une marque que si elle satisfait aux prescriptions légales. Aucun recours n'est prévu en cas de refus.

Droits des Étrangers. — La protection légale est accordée à toute personne, société ou corporation résidant en un pays étranger, qui, par traité ou convention, accorde la réciprocité de traitement aux citoyens du Venezuela. (Art. 1.)

Les marques destinées à des produits étrangers pourront être enregistrées, en l'absence de toute convention, si ces produits sont reconnus par le Pouvoir exécutif être utiles à la République. (Art. 16.)

États ayant la réciprocité. — Le Venezuela a conclu des traités en matière de marques avec les États suivants : Allemagne, Belgique, Danemark, Espagne et France

Pièces à fournir. — 1° une description ; 2° une déclaration ; 3° un certificat d'origine ; 4° une liste des marchandises.

CAP DE FONNE-ESPÉRANCE

(Colonie britannique)

Lois des 8 août 1877 et 18 août 1891.

Marques qui peuvent être enregistrées. — Une marque doit comprendre les éléments suivants :

a) Le nom d'une personne ou d'une firme, imprimé, apposé ou tissé d'une manière spéciale et distinctive ;

b) La signature écrite ou en fac-similé de la personne ou de la firme qui en demande l'enregistrement à titre de marque de fabrique ;

c) Un emblème, une marque, une marque à feu, un en-tête, une étiquette, un ticket, un mot de fantaisie, ou des mots qui ne sont pas d'un usage courant.

A un ou plusieurs des éléments essentiels précités, on peut ajouter des lettres, mots ou chiffres, ou des combinaisons de lettres, de mots ou de chiffres. (Loi du 18 août 1891.)

Qui peut déposer une marque? — Nul ne peut demander de dommages-intérêts pour l'usurpation d'une marque, s'il ne l'a fait enregistrer. (Art. 1.)

L'enregistrement constitue une présomption en ce qui concerne l'usage exclusif de la marque, pendant les premiers cinq ans ; passé ce délai, il établit d'une manière absolue le droit à la marque. (Art. 8.)

Durée de la protection. — 14 ans avec faculté de renouvellement.

Le déposant doit publier deux fois, pendant deux semaines consécutives, dans le *Government Gazette* et un autre journal de Cape Town agréé par le *Registrar*, un avis annonçant son intention de demander l'enregistrement de sa marque ; un fac-similé de cette dernière doit être reproduit dans ledit avis.

Dans le délai de trente jours de la date de la dernière publication, sauf prolongation accordée, toute personne peut présenter une opposition motivée à l'enregistrement de la marque, sur quoi il lui sera imparti un nouveau délai pendant lequel elle pourra demander en justice le rejet de la demande. (Règlement 1ᵉʳ mars 1893.)

Droits des Étrangers. — L'enregistrement des marques étrangères ne fait l'objet d'aucune disposition spéciale, sauf en ce qui concerne la légalisation de la déclaration.

CONGO (État libre du)

Décret du 26 avril 1888 ; arrêté du 27 avril 1888.

Marques qui peuvent être enregistrées. — Est considéré comme marque tout signe servant à distinguer les produits d'une industrie et les objets d'un commerce, et en particulier un nom de personne ou une raison sociale revêtant une forme distinctive. (Art. 1)

Qui peut déposer une marque? — Le dépôt seul confère le droit à l'usage exclusif de la marque; mais il ne peut être opéré que par celui qui, le premier, a fait usage de cette dernière. (Art. 2 et 3.)

Durée de la protection. — La durée de la protection est indéterminée.

Examen et opposition. — Le décret ne prévoit ni examen administratif de la marque, ni opposition au dépôt de la part des tiers.

Droits des Étrangers. — Les étrangers sont traités sur le même pied que les Congolais, sans égard au lieu où est situé leur établissement.

ÉGYPTE (Pays non unioniste)

Marques qui peuvent être enregistrées. — Les marques sont protégées en vertu des principes du droit naturel. Il n'y a pas de droit écrit en cette matière, et par conséquent aucune prescription concernant les éléments constitutifs de la marque.

Qui peut déposer une marque? — L'enregistrement n'attribue au déposant aucun droit qu'il ne possède déjà. Son seul effet est de constater qu'à la date du dépôt le déposant possédait déjà la marque.

Examen et opposition. — L'enregistrement se fait sans aucun examen de la marque.

Droit des Étrangers. — Les marques étrangères sont protégées à l'égal des marques indigènes.

TUNISIE (Pays unioniste)

Loi du 3 juin 1889 ; décret du 22 octobre 1892.

Comme pour la France.

4e Partie. — OCÉANIE

AUSTRALIE OCCIDENTALE

Lois des 27 août 1884, 12 juillet 1886, 10 octobre 1894, règlement du 16
[novembre 1885

Marques qui peuvent être enregistrées. — Une marque doit
contenir au moins un des éléments suivants :

1° Le nom d'une personne ou d'une raison commerciale,
reproduit d'une manière particulière et distinctive ;

2° La signature manuscrite ou en fac-similé de la personne
ou de la raison sociale qui fait le dépôt ;

3° Un emblème, une marque, une marque à feu, un en-tête
une étiquette ayant un caractère distinctif, ou un mot de fantaisie ou des mots n'étant pas dans l'usage commun.

Des lettres, mots ou chiffres isolés ou combinés, peuvent
être ajoutés à un ou plusieurs des éléments susindiqués.

Qnand des marques appartenant à la même personne se
ressemblent dans leurs éléments essentiels, mais diffèrent
l'une de l'autre en ce qui concerne (a) les produits auxquels
elles sont destinées, (b) des indications de nombre, de qualité
ou de lieu, elles peuvent figurer comme une *série* de marques
dans un seul enregistrement.

Qui peut déposer une marque? — L'enregistrement est assimilé à l'usage public de la marque. Il constitue une présomption en ce qui concerne le droit à l'usage exclusif de cette
dernière, pendant les premiers cinq ans ; passé ce délai, il
établit d'une manière absolue le droit à la marque.

Durée de la protection. — 14 ans, avec faculté de renouvellement.

Examen et opposition — Le *Registrar of Dessigns and
Trade-Marks* examine : si la marque déposée ressemble à
une marque déjà enregistrée pour les mêmes produits, au
point de pouvoir induire en erreur ; si elle contient des mots
qu'un tribunal ne jugerait pas susceptibles de protection,
comme pouvant induire en erreur ou pour d'autres raisons ;
ou si son usage serait contraire aux lois ou aux bonnes
mœurs. En pareil cas, il doit refuser l'enregistrement. Le
déposant peut recourir au gouverneur en conseil contre un
refus d'enregistrement.

Toute demande d'enregistrement doit être publiée dans la
Government Gazette. Toute personne peut faire opposition à
l'enregistrement. L'opposition est communiquée au déposant

qui doit présenter sa réplique dans un délai déterminé, faute de quoi il est réputé avoir abandonné sa demande. Si le déposant réplique, l'opposant est invité à déposer une caution, après qnoi l'affaire est considérée comme étant en état d'être soumise à l'autorité judiciaire.

Droits des Étrangers. — Toute personne ayant déposé une marque en Angleterre ou dans un État étranger auquel la section 103 de la loi britannique de 1883 a été rendue applicable(ceci vise en première ligne les États de l'Union internationale) jouit d'un droit de priorité pour l'enregistrement de sa marque, enregistrement qui sera daté du jour ou le dépôt aura été effectué en Angleterre ou dans le pays étranger. Pour cela, le dépôt devra être effectué comme pour toute autre marque, mais dans le délai de quatre mois à partir de la date du dépôt fait en Angleterre ou dans le pays étranger. Toute marque dûment déposé dans le pays d'origine pourra être enregistrée.

AUSTRALIE DU SUD (Colonie britannique)

Loi du 17 décembre 1892.

Marques qui peuvent être enregistrées. — Comme pour la Grande-Bretagne.

Qui peut déposer une marque ? — Durée de la protection. — Comme pour l'Australie occidentale.

Examen et opposition. — Comme pour l'Australie occidentale, avec les différences suivantes :

1º En cas de refus d'enregistrement, le déposant peut recourir à l'autorité judiciaire, et non au gouverneur de la colonie ;

2º En cas d'opposition, le Commissaire décide en première instance, sauf recours à l'autorité judiciaire.

Droits des Étrangers. — Les sujets britanniques et les étrangers sont admis à déposer leurs marques dans les mêmes conditions que les personnes domiciliées dans la colonie.

NOUVELLE-GALLES DU SUD

(Colonie britannique)

Lois des 26 mai 1865 et 17 avril 1893.

Marques qui peuvent être enregistrées. — Il n'existe aucune prescription quant à la forme des marques.

Qui peut déposer une marque ? — Une marque n'est pas considérée comme appartenant à une personne aussi longtemps qu'elle n'a pas été enregistrée en sa faveur. D'autre part, une personne ayant droit à une marque non enregistrée peut faire opposition à l'enregistrement.

Durée de la protection. — La protection est accordée pour une durée indéterminée.

Examen et opposition. — Le *Registrar* publie le dépôt de la marque. Il peut être fait opposition à l'enregistrement pour les raisons suivantes : 1° qu'une marque semblable est déjà enregistrée ; 2° que la marque déposée appartient à une autre personne ; 3° qu'elle ressemble à une autre marque au point de se confondre avec elle. Le *Registrar* prononce sur l'opposition.

Droits des Étrangers. — L'enregistrement des marques étrangères ne fait l'objet d'aucune disposition spéciale.

NOUVELLE-ZÉLANDE

(Colonie britannique unioniste)

Loi du 2 septembre 1889 ; règlements des 4 novembre 1889 et 12 janvier 1891.

Marques qui peuvent être enregistrées. — Comme pour la Grande-Bretagne.

Qui peut déposer une marque ? — **Durée de la protection.** — Comme pour l'Australie occidentale.

Examen et opposition. — Comme pour l'Australie du Sud,

Droits des Étrangers. — Comme pour l'Australie occidentale, sauf que le délai de priorité est de six mois.

La Nouvelle-Zélande fait partie de l'Union de 1883.

QUEENSLAND

(Colonie britannique unioniste)

Lois des 13 octobre 1884 et 5 novembre 1890; règlement du 7 mai 1896.

Marques qui peuvent être enregistrées. — Comme pour la Grande-Bretagne.

Qui peut déposer une marque ? — **Durée de la protection.** — Comme pour l'Australie occidentale.

Examen et opposition. — Comme pour l'Australie occidentale, avec les différences suivantes:

1° En cas de refus le déposant peut recourir au *Law Officer*;

2° En cas d'opposition, le *Registrar* décide en première instance, sauf recours au Secrétaire colonial.

Dans les deux cas, le *Law Officer* et le Secrétaire colonial peuvent renvoyer le recours à l'autorité judiciaire.

Droits des Étrangers. — Comme pour l'Australie occidentale. Le Queensland fait partie de l'Union de 1883.

INDE BRITANNIQUE (Colonie britannique)

Il n'existe pas pour l'Inde de législation sur l'enregistrement des marques. L'apposition de marques frauduleuses est réprimée pénalement par la loi du 1er mars 1889 sur les marques de marchandises. L'action civile, en cas de contrefaçon de marques, s'exerce en vertu du droit coutumier.

INDES NÉERLANDAISES

(Colonie néerlandaise unioniste)

Arrêté du 9 novembre 1893.

Comme pour les Pays-Bas.

Les personnes non domiciliées dans les Indes néerlandaises doivent faire élection de domicile dans cette colonie.

Cette colonie fait partie de l'Union de 1883, et elle a adhéré à l'Enregistrement international.

JAPON (Pays unioniste)

Loi du 1er mars 1899.

Marques qui ne peuvent être enregistrées. — Un signe ne peut être enregistré comme marque :

1° S'il contient le chrysanthème impérial, le drapeau ou le pavillon national, un ordre ou un pavillon d'un État étranger, ou un objet qui y ressemble ;

2° S'il peut troubler l'ordre public, nuire aux bonnes mœurs ou induire le public en erreur ;

3° S'il est identique ou analogue à la marque d'un tiers, soit qu'elle soit encore enregistrée, ou qu'elle ait été radiée depuis moins d'un an, ou qu'elle ait été employée par d'autres avant l'entrée en vigueur de la loi ;

4° S'il consiste dans la dénomination usuelle de la marchandise ou de son lieu de production ; s'il indique la nature, la qualité ou la forme de la manière usitée dans le commerce, ou s'il reproduit, en écriture ordinaire, des noms de personnes, de sociétés ou d'associations qui sont dans l'usage général ;

5° S'il représente un encadrement ou un simple fond dépourvu de tout effet caractéristique. (Art. 2.)

Qui peut déposer une marque ? — Le droit à la marque appartient au premier déposant, et quiconque veut se réserver l'usage exclusif d'une marque est tenu d'en faire l'enregistrement. (Art. 1.)

Les associations autorisées par l'autorité compétente peuvent déposer leurs insignes pour être enregistrées comme marques. (Art. 21.)

Durée de la protection. — 20 ans avec faculté de renouvellement ; si la marque a été déposée précédemment à l'étranger, la durée de la protection accordée au Japon ne dépassera pas celle qui résulte du dépôt original. (Art. 3.)

Examen et opposition. — La marque est soumise à un examen. Si le résultat en est défavorable aux droits du déposant, celui-ci peut exiger que la demande d'enregistrement soit examinée à nouveau. En cas de confirmation de la décision précédente, l'intéressé peut recourir au Tribunal des brevets. Le jugement de ce dernier peut faire l'objet d'un pourvoi en cassation devant le Tribunal impérial.

Droits des Étrangers. — Si le déposant n'est pas domicilié au Japon, il devra faire déposer sa marque par un mandataire domicilié dans ce pays. Celui-ci sera considéré comme le représentant de l'intéressé dans la procédure d'enregistrement et dans les actions civiles et pénales se rapportant à la marque une fois enregistrée.

Le Japon a conclu des traités en matière de marques avec les États suivants : Allemagne, Autriche-Hongrie, Belgique, Danemark, Espagne, États-Unis, France, Grande-Bretagne, Italie, Pays-Bas, Pérou, Portugal, Russie, Suède, Suisse.

Il a en outre adhéré à la Convention d'Union du 20 mars 1883.

TABLE DES MATIÈRES

1re PARTIE — EUROPE

2e PARTIE — AMÉRIQUE

3ᵉ PARTIE — AFRIQUE

4ᵉ PARTIE — OCÉANIE

5ᵉ PARTIE — ASIE

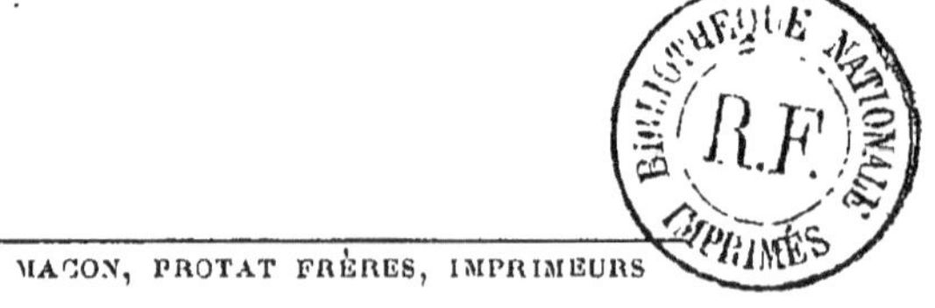

MACON, PROTAT FRÈRES, IMPRIMEURS